JUSTICE,

AVANTAGE ET NÉCESSITÉ

D'UN DÉDOMMAGEMENT

ENVERS LES ÉMIGRÉS.

JUSTICE,

AVANTAGE ET NÉCESSITÉ

D'UN DÉDOMMAGEMENT

ENVERS LES ÉMIGRÉS.

Sublatâ causâ, tollitur effectus.

« C'était une conséquence de la révolu-
« tion, que ceux qui l'avaient combattue
« fussent considérés par elle comme coupables
« et punis comme tels : ce doit être, dès-lors,
« une conséquence de la restauration que ces
« mêmes hommes, dont l'événement a justi-
« fié la conduite si noble d'ailleurs, cessent
« de subir la punition spéciale qui n'est plus
« qu'une contradiction manifeste. »

PARIS,

IMPRIMERIE DE GAULTIER-LAGUIONIE,

HÔTEL DES FERMES.

Avril 1824.

JUSTICE,

AVANTAGE ET NÉCESSITÉ

D'UN DÉDOMMAGEMENT

ENVERS LES ÉMIGRÉS

DANS une révolution politique, il y a ordinairement, quant aux individus, des crimes, des malheurs, et des actes qu'on peut nommer *relatifs*.

Les crimes sont ces désordres, ces excès, cette violation audacieuse des lois divines et humaines, qu'aucun temps, aucun motif ne peuvent jamais rendre excusables; les malheurs sont ces pertes particulières, qui naissent inévitablement de la secousse universelle, et que le hasard fait peser indistinctement sur l'un ou sur l'autre, sans que nul ait fait plus ou moins pour se les attirer; les actes relatifs sont ces résolutions, ces conduites personnelles, dont le succès des événements publics détermine, politiquement parlant, la dénomination et l'espèce.

Quand le terme d'une révolution arrive, il est juste que les crimes soient expiés par des châtiments, ou remis avec les formes légales qui leur impriment officiellement la flétrissure du mépris public ; il est juste que les malheurs accueillis avec égard et bienveillance, deviennent un titre aux grâces et aux bienfaits ; il est conséquent que les actes relatifs soient considérés comme des mérites , quand ils ont été faits dans le sens qui triomphe, et envisagés comme des torts, ou tout au moins des erreurs , quand ils ne se trouvent pas d'accord avec le résultat général.

Pour bien fixer et bien entendre ce qui concerne les actes relatifs, que l'on suppose deux pays livrés à la fois à des révolutions, dont, après des vicissitudes plus ou moins prolongées, l'un se termine par l'établissement d'un gouvernement tout-à-fait nouveau, et l'autre, par le retour aux institutions fondamentales de l'ancien gouvernement.

Aussitôt que les deux peuples sont rentrés également sous la puissance de l'ordre, les mêmes crimes et les mêmes malheurs doivent être traités par eux de la même manière, parce que, dans ces deux cas absolus, il doit régner partout une équité commune ; mais les mêmes actes relatifs recevront, de chaque côté, un traitement diamétralement opposé. Et telle est la situation respective de tous, que, raisonnant toujours uniquement sous le rapport politique, il n'existe dans cette différence rien que de tout simple au fond, puisque chacun ne récolte que ce qu'il a semé.

Que, par exemple, le jour où le premier mouvement insurrectionnel a éclaté dans deux monarchies, les auteurs de ce mouvement, s'étant emparés du pouvoir, devenu alors indécis, aient établi à jamais par une loi quelque impôt spécial sur les citoyens qui auraient refusé de donner d'abord telle ou telle marque de soumission , il est bien clair que chez le peuple où une république se sera définitivement maintenue l'impôt pourra continuer d'être exigé à perpétuité, sans qu'il y ait lieu à réclamer contre; il n'est pas moins clair à la fois que, chez la nation où le gouvernement sera redevenu monarchique, ceux qui n'avaient été taxés que pour être demeurés fidèles à ce système paraîtront pleinement fondés à demander l'abolition de la redevance. L'enchaînement naturel serait pareillement observé dans les deux hypothèses.

Ainsi donc les actes relatifs qui ont lieu durant le cours d'une révolution ne sont, aux yeux de la politique, que des chances dont on doit, quand la révolution est finie, recueillir les profits ou subir les pertes, selon la réussite qui a été obtenue.

Voilà des principes et des conséquences : voici des applications.

L'émigration considérée comme un fait, sous l'abstraction totale du sentiment qui la dicta, et qui ne peut entrer pour rien dans la discussion sèchement logique d'un point de controverse législative, l'émigration est sans contredit le plus marquant des actes relatifs de la révolution française. En effet, toujours sans parler de ce qui est étranger aux intérêts matériels dont il s'agit uniquement dans tout cet écrit, les émigrés s'exposaient à l'alternative la plus étendue et la plus terrible. Jamais personne mieux qu'eux n'a pu se vanter, suivant l'expression triviale, mais exacte, d'avoir risqué le tout pour le tout.

Quels devaient être, quels ont été d'abord et quels doivent être maintenant les résultats du parti qu'ils ont pris ? C'est ce qui va faire le sujet de l'examen auquel nous nous livrons.

Dès qu'il fut démontré, et cela ne tarda pas à l'être sans incertitude, que le but de la révolution était de renverser la monarchie, les princes de la famille régnante, et avec eux des milliers de Français, allèrent sur un sol étranger tâcher d'en rassembler et d'en conserver les débris. La confiscation des biens, la peine de mort furent prononcées contre eux ; et dans la situation des

choses une telle mesure découlait tout natu-
rellement du système adopté.

Le gouvernement qui avait frappé les émigrés
fit place à d'autres gouvernements qui se succé-
dèrent entre eux presque à l'infini; mais comme
c'était toujours la révolution qui continuait,
comme c'était toujours la même cause qui agis-
sait sous des noms différents, le code révolutionnaire ne devait que changer d'exécuteurs, sans
varier dans ses dispositions. Elles formaient une
partie intégrante de la substitution de régime;
et si la révolution avait fini, ainsi que tant
d'autres, par l'affermissement d'un mode de
gouvernement qu'elle aurait enfanté, il n'est pas
douteux que la loi relative aux émigrés n'eût été
conservée en principe. Ceux même qu'elle acca-
blait, tout en trouvant cette conservation cruelle,
n'auraient pas pu la trouver étonnante au fond,
puisqu'elle aurait été la suite nécessaire et la
conclusion inévitable de tout ce qui avait pré-
cédé.

Une preuve que les rigueurs déployées contre
les amis de la monarchie légitime ne devaient
et ne pouvaient même avoir un terme officiel
qu'au moment de la renaissance de cette monarchie, c'est que sous l'empire, où tout ce qui
n'était que purement absurde et sanguinaire eût
bientôt disparu, la loi sur l'émigration ne cessa

point de subsister; et certes, elle se serait per-
pétuée avec la dynastie impériale s'il avait été
possible que la dynastie impériale se perpétuât.
Sous quelque gouvernement que ce fût, autre
que celui des Bourbons, cette loi était essen-
tiellement constitutionnelle; elle était fonda-
mentale; elle était indispensable; elle était la
première garantie, le principal titre de possession des dépositaires quelconques du pouvoir
usurpé.

Effectivement, abolir dans le droit la proscription de ceux qui avaient voulu maintenir la
légitimité, c'était déclarer d'une manière im-
plicite qu'on avait eu tort de les proscrire : si
leur punition n'avait pas été juste, leur conduite
n'avait donc pas été blâmable : si leurs
efforts pour s'opposer à la révolution n'offraient
rien de criminel, la révolution n'était donc qu'un
abus de la force...... On voit aisément qu'il
n'aurait pas fallu une longue suite d'inductions
pour prouver que la raison et l'équité voulaient
le rétablissement du trône de saint Louis, si
l'on eût admis légalement que ceux dont les
bras s'étaient élevés pour le soutenir n'avaient
pas travaillé contre le véritable intérêt de la
patrie.

Aussi l'homme qui cherchait en tout à effacer
le désordre, parce qu'il savait bien qu'au milieu

du désordre il ne peut exister de puissance durable, plaça-t-il au nombre de ses premiers soins et de ses dispositions les plus pressantes, la rentrée individuelle des émigrés. Il ne pouvait se dissimuler quel déchirement général excitaient dans le pays qu'il désirait pacifier à son profit les déchirements particuliers qui désolaient un nombre immense de familles : mais en songeant à satisfaire par une tolérance sans danger les affections relativement aux hommes, il se garda bien d'entreprendre, par une affectation de magnanimité qui n'aurait été qu'une imprudence, de rien déranger dans l'état des choses. Ainsi, tandis que non-seulement il permettait que les émigrés pénétrassent sur le sol dont ils étaient bannis, mais que même il leur faisait ouvrir toutes les portes et aplanir tous les chemins, il était si loin de vouloir couronner ses faveurs par l'abolition de la loi dont il travaillait sans cesse de sa propre main à ne plus faire qu'une disposition comminatoire, qu'il prétendit au contraire lui donner une nouvelle consistance en répandant une amnistie sur ceux qu'elle frappait. Calcul aussi sûr que profond!... On ne pouvait proclamer plus hautement et avec plus de solennité qu'ils étaient vraiment coupables, qu'en leur accordant un pardon éclatant.

Qu'on ne pense point que celui dont la vue

était si perçante pour ses intérêts n'eût pas pré-
féré qu'il lui fût possible de rendre leur gloire
et leur fortune à des hommes qui avaient prouvé
quel dévouement une monarchie pouvait attendre d'eux : c'était aussi une monarchie que
lui-même aspirait à fonder !... Il ne perdait aucune occasion de s'attacher les émigrés en particulier; mais il n'aurait jamais pris pour eux en
masse une décision qui aurait détruit ou seulement modifié le principe qu'il avait, aussi lui,
besoin de maintenir relativement à l'émigration.
Il forma un instant le projet d'exercer une ré-
vision sur les ventes des biens des émigrés, dont
la plupart avaient été dérisoires quant au paiement; mais ce n'était nullement au profit des
anciens propriétaires qu'il comptait travailler.
Leur rendre quelque chose aurait été avouer
qu'ils avaient droit à tout; et la conséquence de
leur réintégration dans leurs droits était si évi-
dente!!!... Du moment qu'il aurait reconnu que
des restitutions étaient convenables , il lui en
serait resté une si terrible à faire!!!... Il résulte-
rait si complètement de toutes les considérations
réunies que la cause des Bourbons et la cause
de ceux qui les avaient imités et suivis formaient
un seul intérêt qu'il était impossible de diviser
raisonnablement!!!... La plus faible réflexion
faisait si puissamment sentir quelle contradic-

tion ridicule il y aurait à déclarer que parmi ceux qui avaient été dépouillés dans le même instant, pour le même motif et de la même manière, les uns recouvreraient ce qu'ils avaient perdu, tandis que les autres continueraient d'être privés de ce qui leur revenait, s'il revenait quelque chose aux premiers !!!... Il fallait donc, puisque les Bourbons ne pouvaient pas rentrer dans leur héritage, que les émigrés demeurassent exclus de la possession du leur.

Cette indivisibilité de situation établie par les gouvernements révolutionnaires, et consacrée par le gouvernement intermédiaire, en dépit de lui-même, il est permis de le croire, a-t-elle pu se dissoudre par le rétablissement du gouvernement légitime? Ce qui était non-seulement tout simple et tout naturel, mais même tout-à-fait indispensable dans les temps de spoliation et de sacrifices, cesserait-il de l'être dans les jours de justice et de réparation? Étaient-ce uniquement les adversités que les émigrés devaient partager avec leurs augustes chefs?..... On outragerait assurément tous les principes de la raison et de l'équité en osant soutenir une telle assertion : c'est donc leur rendre hommage que d'élever la voix pour la combattre.

Lorsque le petit-fils d'Henri IV revint au milieu de nous, il voulut avec empressement que ceux qui avaient suivi son panache blanc comme leur enseigne rentrassent dans la grande famille au sein de laquelle il reprenait le titre et les droits de père. Les listes de proscription furent déchirées, il n'y eut plus d'émigrés, il ne pouvait plus y en avoir. Et comment en effet ceux qui avaient tout immolé pour la cause royale auraient-ils continué d'être poursuivis lorsqu'elle était victorieuse?... Comment, lorsque le prince qui l'avait défendue à leur tête redevenait roi de France, auraient-ils pu ne pas redevenir Français ?... Comment, dès l'instant qu'il advenait une restauration fondée sur le retour de la monarchie, les compagnons du monarque auraient-ils pu ne pas recouvrer, proportions gardées, tout ce qu'il recouvrait lui-même?... Il eût été absurde de paraître établir à cet égard la moindre incertitude; et tout homme de jugement proclamait cette conclusion, comme il aurait prononcé la conséquence d'un syllogisme régulier dont il aurait entendu les prémisses.

Mais ici il faut distinguer. La fin de la révolution n'était pas une contre-révolution entière; l'ancien régime n'était pas rétabli dans toute son intégrité. Les émigrés, en reprenant la qualité et les droits de Français, devaient supporter leur portion de toutes les pertes communes, être soumis à toutes les suppressions générales ; il n'était juste d'effacer à leur égard que les mesures d'exception et de spécialité, de leur rendre que ce dont ils avaient été dépossédés précisément à cause de leur émigration. Ils n'avaient par conséquent aucun titre pour réclamer ni les priviléges pécuniaires, ni les rentes, ni les terrages, ni les autres redevances féodales qui composaient autrefois soit une partie, soit même la totalité de la fortune de plusieurs d'entre eux. Il n'y avait rien qui leur fût particulier dans ce genre de dépouillement, dont ce n'est point ici le lieu de discuter la légalité; il avait pesé sur tous les propriétaires de même espèce que les émigrés, il les aurait atteints comme les autres quand ils n'auraient pas quitté la France : la moindre prétention sur ce point eût donc été déraisonnable. Ils devaient bien cesser d'être les victimes de l'émigration, puisqu'ils se trouvaient seuls dans ce cas, mais non pas celles de la révolution, puisque là ils étaient confondus dans la foule. Ce principe, aussi aisé qu'inutile à développer, n'a besoin que d'être indiqué pour demeurer inattaquable.

Ce qui, à l'époque de la destruction de tous les gouvernements révolutionnaires, devait être rendu aux émigrés, parce qu'eux seuls en avaient été privés révolutionnairement, c'étaient leurs possessions territoriales, objet d'une confiscation que la restauration déclarait par le fait n'avoir été qu'un acte de violence et d'iniquité. Nous avons déjà dit, mais nous ne saurions trop le redire, qu'une justice imprescriptible et une analogie incontestable prononçaient également cette décision. La justice, attendu qu'elle veut que lorsqu'un tort est reconnu il soit réparé ; l'analogie, attendu qu'elle exige que dans une situation commune tous soient traités de la même manière. Lorsque l'eau est introduite dans un canal dont on lui avait pour un temps interdit l'entrée, quelque nombre infini de branches diverses que l'on suppose, quelque différence que l'on imagine dans la forme et la dimension des conduits accessoires qui dépendent du conduit principal, il suffit que tous aient entre eux une liaison intime qui n'en compose qu'un seul ensemble, pour que le niveau s'établisse proportionnellement à la fois dans toutes les parties. Ainsi devait-il en arriver à l'instant où disparaissait la suspension de droits prononcée également contre le monarque légitime et ses serviteurs fidèles. Aussi, dès que l'un remontait sur le trône de ses ancêtres, tout le monde s'attendait-il que les autres rentreraient sous le toit de leurs pères. Les acquéreurs même des domaines des émigrés ne pouvaient s'empêcher de regarder cette conclusion comme assurée, tant

elle naissait invinciblement de ce qui avait existé
et de ce qui existait.

Il est sans doute bien superflu de remarquer
que personne plus que le Roi ne fut frappé de ce
que les circonstances commandaient envers les
émigrés. Rien de ce qui est fondé sur une sa-
gesse équitable ne pouvait demeurer un instant
étranger à sa pensée ; et dans cette occasion d'ailleurs les sentiments de son cœur se joignaient
à la justesse de son esprit pour lui rappeler les
fruits que devaient attendre du triomphe de la
cause royale ceux qui, comme lui, avaient pendant si long-temps tout perdu pour elle, fors
l'honneur. Désireux de faire du moins tout ce
qui était possible, en attendant qu'il y eût moyen
de faire tout ce qui était dû, il les remit en possession de ceux de leurs biens confisqués qui ne
se trouvaient pas aliénés. Il n'est point de notre
sujet d'examiner pourquoi il y eut dans cette
remise une restriction à l'égard des objets affectés à des services publics ; c'est une question
secondaire qui ne tient pas directement à la
nôtre, pour la discussion de laquelle il suffit de
remarquer que s'il était encore resté quelque
incertitude sur la manière dont la confiscation
des domaines des émigrés devait être envisagée
au moment de la restauration ; cet acte du gouvernement légitime réunissait tout ce qui était

2

propre à dissiper les doutes. Il n'existait pas en effet de façon plu s expressive d'annoncer le désaveu de la confiscation que de restituer tous ceux de ses produits qui demeuraient disponibles. Mais ce raisonnement mis en action, s'il est permis de parler ainsi, va bien plus loin encore. Déclarer par le fait qu'il était juste de faire une restitution partielle, c'était consacrer dans le droit qu'une restitution totale était exigible. Du moment qu'un principe est constitué, il n'y a plus lieu à restreindre l'étendue, quelle qu'elle puisse être, de son application directe.

Nous ne balançons donc pas à croire que si le retour de l'ordre se fût effectué dans le temps où les terres des émigrés existaient encore entre les mains des premiers acquéreurs, la réintégration, par laquelle il eût été si facile d'empêcher alors que personne ne fût lésé, aurait eu lieu sans la moindre réserve, comme sans le moindre délai. Nous hésitons encore bien moins à affirmer que le plus beau jour de la vie du Roi eût été celui où il aurait pu dire aux sujets dévoués qui, pour le suivre, n'avaient ni calculé ni regretté ce qu'ils abandonnaient derrière eux : Je vous rends ce que vous m'aviez sacrifié. Mais une longue période d'années écoulées avait produit des complications inextricables : le redressement d'une spoliation devenue déjà ancienne n'aurait pu

s'opérer qu'en se composant d'une multitude immense de dépouillements nouveaux; et, pour apai-
ser les premières victimes, il eût fallu en frapper
un nombre plus considérable de nouvelles, dont
plusieurs n'auraient pas mérité davantage le coup
qui serait tombé sur leurs têtes. Il n'était donc
plus praticable de concilier sur-le-champ tous
les intérêts sans recourir à des moyens dont le
gouvernement ne pouvait alors ni faire entre-
voir, ni peut-être concevoir encore lui-même
l'idée : il n'y avait donc plus pour le moment de
choix qu'entre la continuation d'un mal existant,
ou la création d'un autre mal pour le remplacer.
Dans cette alternative affligeante, la prudence or-
donnait d'embrasser le parti qui pouvait occa-
sioner le moins de troubles, et la confiance que
le Roi devait conserver dans les hommes qui
l'avaient si honorablement acquise et justifiée
voulait que ce fût à eux qu'il s'adressât tant qu'il
avait des sacrifices à demander. Ainsi la Charte
constitutionnelle consacra la vente des propriétés
des émigrés ; mais aussitôt ceux qui croyaient pé-
nétrer des pensées secrètes dictées par les sentiments qu'un monarque français déclarait jadis de-
voir, s'ils étaient exilés de dessus la terre, se ré-
fugier dans le cœur des rois, ceux-là, disons-nous,
regardèrent les biens des émigrés comme placés
au nombre des propriétés dont un intérêt public

constaté légalement autorise à exiger l'abandon, moyennant une indemnité ; et ils pensaient que si cette indemnité qui n'avait pu être préalable, ainsi que le veut la Charte, paraissait suspendue pour un temps par l'embarras des affaires de l'état, elle n'était du moins différée que jusqu'à l'époque où la prospérité des finances permettrait d'acquitter la moins contestable des dettes nationales.

Cette opinion, fondée sur des motifs si puissants et sur des raisonnements si péremptoires, fut énoncée à diverses reprises par des écrits éphémères ou périodiques ; un noble pair ne balança pas même à l'exprimer officiellement devant la chambre qui, par sa nature, est la conservatrice de tous les droits et de tous les devoirs. Jamais et nulle part elle ne fut victorieusement combattue ; jamais et nulle part elle ne pourra l'être, parce que toujours et partout elle entraîne l'évidence avec elle. Et s'il fallait des preuves de la profondeur et de la solidité des bases sur lesquelles elle est inébranlablement fondée, on en trouverait dans la défaveur dont la garantie même donnée par la Charte, n'a pu, malgré tout, affranchir les domaines provenant des émigrés.

Il est donc temps, aujourd'hui que les ressources et le crédit du trésor public permettent de songer à éteindre le plus pressant et le plus sacré des arriérés, il est donc temps de dédommager enfin une classe nombreuse, trop longuement privée de ce qu'il est passé en force de chose jugée qu'elle n'aurait pas dû perdre ; il est temps d'assurer à une classe plus étendue encore la paisible possession de ce dont elle jouit légalement sans pouvoir cependant ni se persuader, ni persuader à tout le monde qu'elle en a l'incommutable propriété. Il est temps de prendre une mesure que l'on s'attend à voir arriver tôt ou tard, et de faire disparaître par une prompte exécution présente, les inquiétudes que la malveillance se plaît à exagérer pour l'avenir. Il est temps, en un mot, de finir à jamais la révolution, dont l'anéantissement total dépend uniquement à présent de la satisfaction à donner aux émigrés. Dût cette satisfaction être une charge pour l'état, l'effet d'un fardeau positif et fixé sans retour serait moins désastreux que celui d'un poids indéfini d'incertitudes et de craintes, que chacun aggrave et multiplie sans cesse au gré des caprices de son imagination. L'espérance aime à errer dans un vague qui ne met point de bornes à son domaine : mais la résignation désire savoir au juste ce qu'on exige d'elle.

D'ailleurs en écartant toutes les considérations morales et sociales qui doivent néanmoins paraître en ce cas d'une haute importance, et en ne s'occupant que du rapport financier, on tomberait dans une grande erreur si l'on croyait que le dédommagement proposé occasionât pour l'état un surcroît de dépenses sans aucune espèce de gain. Personne ne peut nier que par suite de la mesure qui délivrerait les domaines des émigrés de la tache jusqu'à présent indélébile dont l'effet entrave leur circulation, cette sorte de propriété se confondrait aussitôt dans la masse générale des terres qu'on vend et qu'on achète journellement, et que par là les droits de mutation recevraient pour toujours, et surtout dans les premiers instants, un accroissement notable. Nous ne prétendons pas, certes, présenter cette rentrée comme un équivalent même approximatif de la mise dehors; mais nous observons que c'est du moins un contrebalancement assez fort pour être porté en compte.

Au surplus quels motifs absolus fait-on valoir contre l'indemnité des émigrés? Comme il n'en est aucun que la réflexion puisse admettre, on ne cherche point à prouver qu'elle n'est pas légitimement due, mais on essaie d'opposer des objections purement relatives. La cause de refus la plus forte, derrière laquelle on se retranche,

est l'observation que s'il était une fois reçu que
l'état doit des indemnités aux victimes de la révolution , il n'y aurait pas plus de raisons pour en
accorder aux émigrés qu'aux rentiers auxquels on
a fait perdre les deux tiers de leurs fonds ; qu'aux
propriétaires qui ont été ruinés par des rembour-
semens en assignats ; qu'aux colons de Saint-
Domingue, dont les possessions leur ont aussi
été enlevées.

Nous sommes, à coup sûr, bien loin de pré-
tendre que ces différentes classes d'hommes ne
sont pas éminemment intéressantes ; qu'elles
n'ont pas des sujets trop réels de se plaindre ;
qu'il ne serait pas désirable que les torts qu'elles
ont éprouvés fussent compensés ; qu'il ne se
trouve pas parmi elles des êtres aussi et peut-
être même plus malheureux que parmi les
émigrés ; nous conviendrons sans peine de toutes
ces vérités, et nous ne croirons faire aucune
concession, parce que nous en sommes pénétrés
profondément. Mais comme ce n'est point ici la
sensibilité que nous pouvons écouter et à laquelle nous devons nous adresser ; comme, dans
un examen rigoureux, il faut discuter avec la
plus stricte rigueur, nous sommes forcés de déclarer qu'aucune des trois catégories qu'on
veut souvent placer auprès de celle des émigrés
ne saurait leur être assimilée dans cette circon-

stance. Les effets sont les mêmes pour toutes, nous ne refusons pas de l'avouer ; mais c'est aux causes qu'il faut remonter, si l'on veut se trouver dans le véritable état de la question.

Pour procéder avec méthode, posons quelques interrogations que nous rendrons communes à toutes les classes dont nous nous occupons, et auxquelles il y aura à satisfaire séparément pour chacune d'elles. Si toutes les réponses sont complétement identiques, toutes les positions et tous les droits seront parfaitement semblables : si au contraire les réponses sont de nécessité totalement différentes , il demeurera bien constant que les situations ne sont pas du tout les mêmes.

Demandons par exemple, pour commencer, de quelle espèce fut la mesure qui occasiona respectivement les pertes que nous mettons en parallèle.

Les émigrés rappelleront que leurs biens leur furent arrachés par une loi d'exception faite pour eux seuls ; par une loi révolutionnaire destinée à les punir d'un crime dont elle les déclarait coupables envers la révolution.

Les colons de Saint-Domingue devront reconnaître que leur spoliation a été le fruit d'une guerre où le gouvernement français fut, comme eux, privé par une force étrangère de tout ce qu'il possédait dans cette partie du monde.

Ceux que ruinèrent les assignats seront obligés de convenir que le coup qui les atteignit n'eut rien qui leur fût particulièrement destiné : que, semblable à ces orages dévastateurs dont les désastres sont un fléau général, il étendit ses ravages dans toute la France et même dans plusieurs parties de l'Europe, sans faire acception de personne, et que la dépréciation qui pesa si cruellement sur eux, fut moins l'effet de la volonté des gouvernants que celui de l'opinion des gouvernés.

Les rentiers remarqueront avec justesse que l'acte qui retint les deux tiers de leurs capitaux fut un abus de pouvoir auquel ils ne devaient nullement s'attendre et que l'exacte équité condamne; mais il leur faudra confesser en même temps que la réduction qu'on leur a imposée n'a rien qui émane directement de la révolution, puisque l'épuisement du trésor public aurait pu amener le même résultat, quand nos troubles politiques n'eussent pas eu lieu. Ou s'ils veulent tirer quelque parti de l'époque révolutionnaire où arriva cette suppression d'une partie de leur fortune, ils se verront alors dans la nécessité d'accorder qu'elle est absolument du genre de celle des terrages et des rentes foncières, et que, sans tenir en aucune façon d'une violence de parti exercée contre des individus, elle fut an-

noncée simplement comme un sacrifice com-
mandé par le bien général.

Cherchons à savoir ensuite qui est-ce qui a
recueilli le produit des pertes que nous voulons
apprécier?

Les émigrés diront que c'est la nation française,
qui a vendu leurs biens à son profit ;

Les colons, que ce sont les nègres, qui les ont
chassés la flamme et le fer à la main;

Les propriétaires remboursés, que ce sont
leurs débiteurs, qui ne leur ont donné pour se
libérer envers eux qu'une monnaie sans valeur ;

Les rentiers, que c'est le trésor public, qui
leur a fait une véritable banqueroute.

Informons-nous en troisième lieu quel changement, naissant inévitablement et de lui-même
du cours des événements, la restauration a opéré
dans l'existence politique de ceux qui ont éprouvé
les pertes objet de notre examen?

Les émigrés répondront que leur situation est
devenue tout justement le contraire de ce qu'elle
était; qu'au lieu d'être proscrits par les gouvernements révolutionnaires, comme des ennemis
de la patrie, ils ont été réintégrés dans leurs
droits civils par le souverain légitime, comme
de fidèles défenseurs de la monarchie; qu'au
lieu d'être considérés comme les partisans d'un

régime opposé au bonheur de la France, ils ont été reconnus comme les soutiens du seul système qui puisse lui convenir; que par conséquent, loin de mériter de continuer d'être punis, ils auraient plutôt des titres à obtenir une récompense.

Les colons, les propriétaires remboursés et les rentiers ne pourront pas nier que le retour des Bourbons n'a eu aucune espèce d'action nécessaire et inévitable sur l'état respectif dans lequel la révolution les avait mis ou laissés.

Exigeons enfin qu'on nous démontre par quel endroit les intérêts particuliers des émigrés, des colons, des propriétaires remboursés et des rentiers sont devenus des intérêts généraux ?

Les premiers représenteront que la question relative à leurs propriétés est désormais la seule cause possible, l'unique occasion supposable de trouble et d'inquiétude en France; que de la solution définitive de cette question, à laquelle presque personne n'est, soit passivement, soit activement, tout-à-fait étranger, dépend d'une manière exclusive l'affermissement de l'ordre, le retour de la concorde, et la consolidation de la tranquillité.

Tous les autres seront dans l'impossibilité d'alléguer, sous quelque prétexte que ce soit, que la réparation des torts spéciaux qu'ils ont éprouvés pût exercer la moindre influence directe et universelle sur l'état actuel de la France. Le tableau de la fortune publique serait sans doute plus satisfaisant, s'il présentait un résultat tel que les colons, les propriétaires remboursés et les rentiers, n'eussent rien à regretter; mais leur désintéressement ne serait que l'avantage de quelques-uns, et celui des émigrés est le besoin de tous.

De la comparaison détaillée à laquelle ont été soumis les titres des quatre sortes de réclamants que nous avons placés en regard il appert visiblement qu'existent entre eux tous des nuances prononcées, et même, sous quelques rapports, des oppositions qui ne permettent aucunement de confondre leurs causes.

En effet, en imposant pour un moment encore silence à cette affection dont on se plaît à entourer le malheur, en ne consultant toujours que cette rigide exactitude qui doit servir de règle dans tout ce qui est présenté comme un droit; pourquoi le gouvernement français se trouverait-il responsable envers les colons de ce qu'ils ont perdu dans un pays où il n'a rien conservé, ni rien recouvré lui-même?

Pourquoi devrait-on indemniser ceux qui ont souffert de la chute des assignats, lorsque, s'il était accordé quelque dédommagement pour les pertes de cette nature, il n'est, sans parler

des étrangers, pas un Français qui n'eût des réclamations plus ou moins fortes à faire valoir ;
lorsque le gouvernement lui-même pourrait
presque, à son tour, produire les siennes, puisqu'il n'a perçu qu'illusoirement les impôts
dans ce temps de funeste mémoire, où toute
espèce de paiement semblait n'être qu'un acte
de dérision, et une insulte à la bonne foi?

Les colons et les propriétaires remboursés
ont donc été en butte à des calamités qui doivent fixer sur eux la bienveillance du pouvoir
suprême ; mais, si nous sommes les premiers à
dire que leur position les rend dignes d'un vif
intérêt, nous ne pouvons nous dispenser d'ajouter qu'il ne nous semble pas qu'elle les autorise
à élever aucunes prétentions positives.

Les rentiers, quoique victimes d'une mesure
spéciale du gouvernement, qui s'est enrichi de
ce qu'il leur a enlevé, ne sont cependant pas
non plus, même à cet égard, dans la position
des émigrés. Quand on a confisqué le bien de
ceux-ci, le but principal était moins d'augmen-
ter en tout état de cause les ressources de l'état
que de frapper révolutionnairement des hommes
dont on aurait voulu que la révolution détruisît
l'espèce. Au contraire, ainsi que nous l'avons
déjà dit, quand on a rogné des deux tiers le ca-

pital des rentiers, on n'était nullement guidé par le désir de causer un dommage résultant des circonstances politiques à des individus contre lesquels aucun esprit de parti n'était soulevé; l'unique objet qu'on se proposât était de dégrever, sans rien de relatif à l'époque où l'on vivait, le trésor public, qui, dans un autre temps, comme dans celui-là, aurait bien pu ne pas suffire à l'énormité de ses charges. Les deux mesures ne se ressemblent donc en rien, quant au fond, quoique laforme établisse entre ellesquelque analogie apparente. Du reste, nous avons vu qu'aucun changement apporté par la restauration dans l'existence politique des rentiers ne leur a donné des droits nouveaux ou différents à mettre en avant; nous avons vu aussi qu'aucun motif de premier ordre ne fait de leur intérêt particulier un intérêt général: nous ne craignons pas de d ire dès-lors, tout en les plaignant avec sincérité, que la faillite qu'ils ont subie se confond avec les emprunts forcés, les réquisitions arbitraires et d'autres extorsions semblables, parmi ces moyens extrêmes que, dans les moments de détresse, les gouvernements se trouvent quelquefois contraints de prendre, au détriment des particuliers, pour le profit de l'état. Les rentiers ne sont donc pas fondés non plus à obtenir qu'on les indemnise par suite naturelle des événements, ou par cause d'utilité publique ; et les émigrés seuls remplissent vraiment toutes les conditions qui constituent, conformément au titre de cet ouvrage, non-seulement la justice, non-seulement l'avantage, mais même la nécessité d'un dédommagement.

Mais parmi les personnes qui conviennent que ce dédommagement doit avoir lieu, deux points sont en litige. Quelle sera la quotité de l'indemnité? qui est-ce qui en supportera définitivement les charges?

Il suffit, à notre avis, pour lever le premier doute, de regarder quel est le double but qu'on veut atteindre en dédommageant les émigrés : or, il s'agit à la fois de réparer l'injustice commise contre eux, et de faire disparaître du sol français le dernier germe de dissension.

Le principe régulateur de toute restitution est de remettre exactement ce que l'on a enlevé. Tant qu'une injustice commise n'est pas réparée en entier, il reste une injustice moindre, mais il reste toujours une injustice. Si l'on n'était pas en droit de confisquer la totalité des biens des émigrés, on n'était pas mieux en droit d'en confisquer une partie : ainsi donc dès que l'on fait tant que de rendre, on ne doit rien garder. Voudra-t-on appliquer ici l'axiome banal que dans une mauvaise affaire tout ne doit pas venir d'un côté ; qu'il faut que chacun se prête aux circonstances? Mais il conviendrait au moins, pour proposer une compensation, que, le résultat du dommage étant perdu pour tout le monde, il régnât une sorte de conformité entre celui qui l'aurait occasioné sans intention hostile et celui qui l'aurait souffert ; et, certes, ici l'on ne voit rien de semblable. D'ailleurs, même sans contester la transaction, nous demanderons qu'on veuille bien remarquer qu'en rendant aujourd'hui aux émigrés la valeur intégrale de leurs domaines, cette restitution n'équivaudra pas pour eux seulement à la moitié de ce dont ils auraient profité, si leur possession n'avait pas été interrompue. Trente années de revenu font déjà, suivant le taux ordinaire, une fois et demie le capital, sans compter l'augmentation qu'auraient pu procurer les améliorations et les économies. Qu'ensuite, après avoir jeté un instant les yeux de ce côté, on les tourne de l'autre, et qu'on examine les avantages que le premier achat et les jouissances subséquentes ont procurés aux nouveaux propriétaires ; qu'on estime le prix qu'ajoutera aux objets dont ils sont nantis la mesure qui effacera la ligne d'exception et de discrédit sur laquelle ils se trouvent ; puis, qu'on dise de bonne foi si, soit d'après la justice, soit d'après les proportions, ce sera trop faire pour les émigrés que de leur donner l'équivalent du fonds de leurs biens; qu'on dise si dans tout cet arrangement, ce sera encore eux que l'on devra considérer comme des enfants gâtés !

Sans pousser inutilement plus loin la discussion sur les considérations particulières, passons au point d'intérêt public. Nul ne peut disconvenir, que pour assurer pleinement et convenablement cet intérêt, il ne faille faire en sorte que les émigrés n'aient plus de réclamations plausibles à élever, et que les possesseurs actuels de leurs biens n'aient plus de craintes raisonnables à concevoir. Une mesure incomplète ne produirait jamais ce résultat. Les émigrés pourraient bien, par lassitude, recevoir une portion quelconque d'indemnité; encore s'en trouverait-il certainement quelques-uns qui la refuseraient; mais enfin en supposant même que le plus grand nombre acceptât, croit-on qu'ils se regarderaient comme dépouillés pour toujours de toute espèce de prétentions ? Croit-on qu'à leur tour les acquéreurs se persuaderaient qu'ils sont désormais à l'abri de toute espèce d'alarmes? Bien au contraire; les uns et les autres, jugeant de ce qui pourrait être fait par la suite, d'après ce qui serait fait aujourd'hui , verraient réciproquement , dans l'admission du principe de l'indemnité , un motif plus étendu d'espérance ou d'appréhension. Le sacrifice fait pour une mesure partielle serait donc, sous les rapports généraux, un sacrifice absolument perdu. L'acquisition inappréciable de la tranquillité publique n'est point dans cette occasion une emplète que l'on doive chercher à faire au rabais ; et si l'on ne veut ou si l'on ne peut pas traiter sans marchander , autant et peut-être mieux vaut-il rester comme l'on est ; on y gagne du moins ce qu'on dépenserait inutilement, et l'on ne courra pas les risques d'exciter une nouvelle agitation dans les esprits. Espérer de mettre en France un terme absolu à ce qu'on peut appeler le malaise des biens nationaux par de simples palliatifs, serait bien évidemment se repaître de la plus chimérique des rêveries. Pour éteindre tout-à-fait un brasier dont on craint que la chaleur, quoique comprimée, ne finisse par incommoder, il ne faut pas se borner à jeter sur les charbons quelques gouttes d'eau qui ne feraient au contraire qu'en ranimer l'ardeur.

Adressons-nous maintenant à ceux qui demandent par qui doivent être supportées en dernière analyse les charges de l'indemnité. C'est ici

le cas de répondre, en interrogeant soi-même :
Qui est-ce qui a profité des produits de la confiscation et de la vente ?... Si l'on ne répliquait
pas sur-le-champ que c'est la nation, le nom
seul donné aux biens vendus suffirait pour le
dire. Eh bien ! puisque la nation s'est emparée
de ce qui ne lui appartenait pas, c'est à elle
d'en tenir compte. Mais, s'écrie-t-on, en payant
aujourd'hui la valeur réelle du bien des émigrés, la nation rendrait beaucoup plus qu'elle
n'a reçu : chacun sait comment les ventes ont été
faites, et surtout acquittées.... Serait-ce donc sé-
rieusement qu'on voudrait faire valoir un argu-
ment semblable, et ceux qu'on a dépouillés
doivent-ils être rendus passibles de la perte
qu'on prétend avoir faite sur leurs dépouilles ?
Pourquoi ne vendiez-vous pas mieux, si vous
vouliez vendre ? ou plutôt pourquoi vendiez-vous ?

Mais, ajoute-t-on, la nation c'est tous les Français, et si la nation doit supporter des charges
pour subvenir à l'indemnité dont il s'agit, le
poids en retombera aussi sur ceux qui n'ont profité de rien dans toute cette affaire. D'abord,
même en admettant que les ventes nationales
soient très-loin d'avoir rapporté tout ce qui aurait
dû en provenir, il faut toujours reconnaître
qu'elles ont servi à remplir un vide quelconque

dans les coffres de l'état. Les sommes qu'on en a retirées, quelles qu'elles soient, ont été employées à solder des dépenses publiques : si ces sommes ne s'étaient pas trouvées là pour satisfaire aux besoins du moment, il aurait fallu les remplacer par d'autres ressources : or les ressources d'un gouvernement pressé par la pénurie sont l'augmentation des impôts qui pèsent sur tous les contribuables; et si, grace au résultat de la mesure prise contre les émigrés, ces impôts n'ont pas, dans un temps donné, subi d'augmentation, il s'ensuit que tous les contribuables ont, pendant ce même temps, bénéficié, chacun pour sa quote part, du surcroît qu'ils n'ont pas été obligés de payer. D'ailleurs, lorsqu'il s'agit d'affaires publiques, tous les membres d'une nation sont solidaires entre eux ; et s'il survient, par exemple, une subvention de guerre, on ne s'exempte pas d'y contribuer en objectant qu'on n'a rien eu, pour sa part, du butin fait sur l'ennemi. Mais à quoi bon recourir à des suppositions ! L'expérience des cent jours apprend, d'une manière beaucoup trop réelle, que ce n'est pas seulement sur ceux qui tirent profit des événements que retombe ensuite l'obligation d'en supporter les résultats onéreux.

Mais, continuera-t-on, est-il juste que les propriétaires, qui d'ailleurs auraient beaucoup perdu à la révolution, soient encore grevés pour en indemniser d'autres, tandis qu'ils ne recevront eux-mêmes aucun dédommagement? Dans une société d'assurances mutuelles, s'il est décidé que l'on n'accordera d'indemnité que pour l'incendie, l'un des associés ne serait pas dispensé de contribuer à payer le dégât occasioné par le feu chez son voisin, en alléguant que lui-même aurait éprouvé d'un autre côté les ravages de la grêle ou de l'inondation. De même, puisqu'il est reconnu que de toutes les victimes de la révolution, les émigrés sont les seuls que divers motifs rendent susceptibles d'être indemnisés par l'état, il n'est personne qui ne doive, toute autre considération mise à part, fournir son contingent dans cette charge publique comme dans toutes les autres. Et ce qui prouve jusqu'à quel point la loi à cet égard est générale, c'est que les émigrés même qui possèdent des domaines étrangers à la confiscation, supporteront, en qualité de propriétaires de ces domaines, une fraction proportionnelle du poids de leur propre indemnité.

Nous ne pensons pas qu'il soit utile de rien ajouter encore pour achever la démonstration que nous avons entreprise; nous nous résumerons seulement, en répétant ici la phrase qui

nous sert d'épigraphe : « C'était une conséquence
« de la révolution que ceux qui l'avaient com-
« battue fussent considérés par elle comme cou-
« pables et punis comme tels : ce doit être dès-
« lors une conséquence de la restauration, que
« ces mêmes hommes, dont l'événement a jus-
« tifié une conduite si noble d'ailleurs, cessent
« de subir la punition spéciale qui n'est plus
« qu'une contradiction manifeste. »

Nous ne nous dissimulons point que pour
rendre notre travail complet, il faudrait présenter un mode certain, facile et le moins coû-
teux possible, d'effectuer l'opération désirée plus
vivement à coup sûr par les nouveaux propriétaires que par les anciens : mais, comme nous
n'avons à notre disposition aucun des éléments
nécessaires pour entrer dans le vaste calcul de
toutes les ressources que peut fournir le système
de finances d'un état bien administré, nous nous
abstiendrons d'exprimer aucune idée à cet égard.
Nous remarquerons seulement que, pour remettre autant que faire se pourra, les biens
confisqués par suite de l'émigration dans les
mains de leurs anciens maîtres, et ne recourir
à la voie de l'indemnité pécuniaire que lorsqu'on
y sera forcé, il nous paraîtrait avantageux de
distraire les domaines des émigrés de tous les
services publics auxquels il peut encore en rester

quelques-uns d'affectés, et de les y remplacer par des forêts nationales. La conservation de cette espèce de propriétés, qu'il est si important de ne pas aliéner, de peur d'en voir détruire l'essence, deviendrait assurée du moment qu'elles seraient employées à former des dotations de main morte; et en renonçant ainsi à profiter de l'autorisation qui lui a été donnée de les vendre, l'état se trouverait toujours jouir, par le fait, mais d'une manière moins désastreuse, des produits que l'on comptait tirer de cette vente. Telle est la seule indication que nous nous permettrons de faire, parce qu'elle s'offre d'elle-même à notre pensée; du reste nous sommes convaincus que le meilleur moyen de parvenir au but, objet de tous les vœux, sera découvert promptement et sans peine, lorsqu'on le voudra, par le gouvernement régénérateur qui, dans si peu de temps et au milieu d'un si grand nombre de difficultés de toute espèce, a su étonner l'Europe financière par de véritables prodiges.